AF340503

NOTICE BIOGRAPHIQUE

SUR

M. LE Cte HENRI DE BRIMONT

M. LE C^{TE} HENRI DE BRIMONT

Rarement la douloureuse interrogation que la mort provoque sur son passage s'est posée avec plus de raison que sur la tombe où est ensevelie la dépouille mortelle de M. Pierre-Henri comte Ruinart de Brimont.

Sur les lèvres de tous ceux qui l'ont connu, une même parole semble se retrouver : « Comment nous manque-t-il si tôt ? Quel est donc ce mystère de la mort qui semble choisir ses victimes parmi les meilleurs, et ne respecte aucune des circonstances qui devraient créer les titres les plus légitimes à la prolongation d'une existence ? »

N'est-il pas vrai que sur cette terre certains hommes apparaissent avec une part de bonheur et à un rang social qui les prédestinent à former comme des centres de vie ? Quand, de plus, au milieu de la foule de ceux qui s'égarent ou s'oublient, ces hommes demeurent debout, fidèles à tout ce qui fut l'honneur de leur race, ne sont-ils pas vraiment des foyers de force et de lumière, semblables à ces autels de pierres éclatantes dressés autrefois dans le désert pour guider les enfants d'Israël ?

Ils ont réalisé autant qu'il était en eux cet idéal déterminé dans les conseils éternels de Dieu pour chacune de ses créatures ; ils ont été les amis du vrai, les propagateurs du juste, les modèles du bien ; ils ont tenu vaillamment le poste qui leur fut assigné d'en haut : pourquoi donc, encore une fois, se trouvent-ils relevés tout à coup de cette consigne divine ? Pourquoi Dieu qui se fait sur cette terre de si rares témoins les ravit-il avec cet empressement ?

La philosophie chrétienne a donné depuis longtemps la réponse : c'est à nous de nous réconforter en la rappelant ici. Dieu connaît les siens : il sait les âmes qu'il a prédestinées à être dans le monde les auxiliaires de sa providence, mais aussi et surtout pour l'éternité les materiaux de la cité céleste ; n'a-t-il pas le droit de reprendre à son heure ce qui lui appartient ? Voilà pourquoi il a rappelé à lui avant le temps selon nos vues, mais à l'heure propice, cette âme si harmonieusement douée des dons du ciel et des qualités de la terre, purifiée, en outre, par les souffrances d'une longue et cruelle maladie, admirablement supportées.

Celui que nous ne voyons plus parmi nous a donc reçu sa récompense : il a rempli sa tâche et fourni sa carrière ; il est vraiment le défunt catholique, c'est-à-dire celui qui s'est acquitté de cette fonction sublime qui se nomme la vie.

Mais en nous quittant, il laisse une trace toute pleine

de douceur et un exemple salutaire : c'est cet exemple qui ne doit pas être perdu pour les siens ; pour cela il est à propos de ressaisir dans un court récit l'ensemble de cette existence, en faisant ressortir son caractère d'unité et de droiture dans la voie traditionnelle de l'honneur et de la vertu.

Pierre-Henri, né le 20 novembre 1804 à Reims, était le septième et dernier des enfants de M. le vicomte Ruinart de Brimont, ancien maire et député de la ville de Reims, ancien gentilhomme ordinaire de la chambre du roi Charles X.

Dès l'enfance, ce dernier rejeton d'une très-nombreuse lignée annonçait un ensemble de dispositions exceptionnellement heureuses et sympathiques. Ceux qui ont connu Henri de Brimont dans son âge mûr n'auront pas de peine à comprendre ce que la clairvoyance d'un père et d'une mère aussi distingués et excellents que les siens leur fit pressentir sur la destinée de leur plus jeune fils. A l'avance il le virent ce qu'il fut en effet, le bras droit de leur vieillesse et le continuateur de leur œuvre !

Quelle était donc cette œuvre? Elle se résume en un mot : représenter en sa personne, défendre et soutenir de ses efforts et de son autorité ce que l'on est convenu d'appeler les traditions de la famille. La famille que de nos jours on bat en brèche au nom de certaines théories, demeurera, quoi qu'on fasse, une des colonnes de l'ordre social. N'est-elle pas, en effet, le lien nécessaire entre l'individu et la société? N'est-elle pas enfin l'anneau inévitable qui relie la chaîne des temps ?

La vie humaine est si courte! Sont à plaindre ceux

qui veulent tout finir avec elle, et tout recommencer à chaque génération. Le bon sens des siècles proteste contre ces utopies. Que d'efforts et de labeurs ont coûté à cet ancêtre la prospérité, l'honneur, le patrimoine d'une famille à élever ou à continuer : c'est donc une heure solennelle dans la vie d'un homme que celle où, jetant vers l'avenir un regard en quelque sorte prophétique, il choisit l'un des siens pour représenter particulièrement la tradition de sa race et défendre, avec le patrimoine héréditaire, l'honneur de son nom. C'est ce que fit M. le vicomte de Brimont le jour où il consigna dans son testament la disposition qui investissait son fils Henri du droit et de la charge de posséder et de transmettre à son tour dans sa descendance le domaine de Brimont.

Au moment où son père le consacrait ainsi du sceau de l'hérédité, Henri avait déjà fourni ses preuves : depuis longtemps il était l'auxiliaire le plus assidu et le plus fidèle de la pensée paternelle dans le gouvernement de son intérieur. L'avenir a justifié cette élection. Tandis que de nos jours tant de maisons se dispersent et s'abiment, celle-ci est debout. En face de ce passé qui a pris fin, l'hérédité a déjà consacré le présent, et ce présent lui-même ne nous apparaît-il pas déjà comme entouré d'une auréole d'avenir? Devant un tel spectacle, qui oserait jeter la pierre au testament du chef de la famille? Qui oserait lui reprocher de s'être trompé?

Ce qu'Henri de Brimont fut comme fils, il l'a été comme frère dans la situation délicate que lui faisait le choix paternel, et que lui imposaient les égards dus à de nombreux frères et sœurs.

L'impartialité commande d'ajouter que jamais la préférence dont il fut l'objet ne fut aggravée aux yeux des siens par un tort volontaire. Dans les situations très-différentes des divers membres d'une famille si nombreuse, il n'est pas un de ceux-ci qui ait fait appel à ses bons offices sans recevoir de lui autant et souvent plus qu'il ne demandait. Les services multipliés qu'il a rendus à des étrangers pendant le cours de son existence ne doivent pas faire oublier qu'il a constamment réservé la fleur de son dévouement à ceux qui lui étaient unis par les liens du sang ; chacun de ses parents l'a trouvé ce que le ciel et son cœur l'avaient fait, secourable, indulgent, ferme contre l'injustice ou ce qu'il croyait tel, mais jaloux de faire respecter les droits de chacun et de ménager leurs légitimes intérêts. Que dire de plus ? La conscience publique n'a-t-elle pas attesté déjà qu'Henri de Brimont fut le plus irréprochable des frères, aussi bien que le meilleur des fils !

Mais, tel le montre l'intérieur de famille, tel il fut dans sa vie extérieure. De cette vie il y a comme deux parts distinctes ; c'est d'abord le devoir social vis-à-vis de la chose publique ; c'est ensuite l'ensemble des obligations de détail attachées à une situation au point de vue des relations quotidiennes.

Sous ce premier aspect de ses devoirs envers son pays, il est remarquable que M. de Brimont a su merveilleusement concilier une totale absence d'ambition avec l'assiduité constante dans des fonctions profitables à son pays et à son entourage.

Très-jeune, on le trouve préoccupé du soin de se ménager une carrière ; après avoir occupé quelque temps

un poste dans les finances, il le quitte bientôt pour pro-
fiter des perspectives plus riantes que lui ouvre la situation de son père à la cour du roi Charles X.

Le 24 juillet 1825, une ordonnance royale contre-
signée du duc de Doudeauville le nomma gentilhomme
de la chambre ; Charles X faisait ainsi sentir au fils le
fruit de l'attachement qu'il éprouvait pour le père ; et
qui peut douter de l'avenir brillant qui allait s'ouvrir
devant ce jeune homme, si la révolution de 1830 ne fût
venue mettre à néant de si légitimes espérances ?

A partir de ce moment, M. de Brimont rentra dans
la vie privée ; mais ces trente-huit années, les dernières
et les plus fécondes, qu'on se garde de croire qu'elles
demeurèrent étrangères au service de l'intérêt public.
Cette nature d'élite avait admirablement compris qu'il
n'est permis à personne, et encore moins à ceux dont la
position semble la plus indépendante, de se soustraire
au devoir de travailler pour le bien général ; les faits
montrent abondamment combien il fut fidèle à ce
principe : pendant tout ce temps, on le vit constamment
revêtu de fonctions qui, pour être gratuites, n'en sont
que plus méritoires et qui, par leur caractère modeste
et leur variété même, attestent l'affinité naturelle qui
existait entre cette âme et toutes les formes du dévouement.

C'est ainsi que, pendant quarante années, il a été
successivement maire d'Hourges et de Brimont, cumu-
lant avec cette administration quotidienne des intérêts
de l'une ou de l'autre de ces deux communes les travaux quelquefois pénibles de conseiller d'arrondissement pour le canton de Bourgogne, de membre de la

commission départementale et de la chambre consulta-
tive d'agriculture, de correspondant des sociétés de
statistique et d'horticulture. Il était en même temps
vice-président du comice agricole de l'arrondissement
de Reims, membre du bureau central de la caisse des
incendiés pour le département de la Marne, etc.

Tous ceux qui ont vu à l'œuvre M. Henri de Brimont
dans ces diverses occupations pourraient attester quelle
mesure d'intérêt et de soins il leur consacrait. Chez lui,
l'accomplissement du devoir était rehaussé par un
véritable scrupule de délicatesse. Faut-il s'étonner après
cela que la voix publique l'ait désigné plus d'une fois
pour faire partie du conseil général de la Marne ? Et ne
faut-il pas regretter que sa modestie l'ait empêché de
faire les démarches nécessaires pour triompher des
obstacles que lui suscitaient à la fois et la ferme indé-
pendance de ses opinions politiques et l'honorabilité
incontestée de son caractère !

Un temps ainsi partagé entre la multiplicité de ces
travaux et l'administration d'une fortune importante, à
travers les mille soins d'un faire-valoir considérable, ce
ne fut pas là pourtant la seule carrière ouverte à l'acti-
vité et au zèle de M. de Brimont.

Il savait qu'une position sociale supérieure n'oblige
pas seulement envers le pays, qui attend des citoyens
un service proportionné à leur rang et à leur valeur
personnelle, mais qu'à la campagne elle oblige encore
et surtout à l'égard de ceux au-dessus desquels on est
placé immédiatement par la Providence.

Malgré les iniquités dont elle est trop souvent l'objet,
elle vit encore en France cette classe de propriétaires,

issus de vieilles races, que les malheurs des temps tiennent en dehors des carrières politiques, et pour lesquels la principale fonction consiste dans l'exercice salutaire d'une large influence locale et territoriale. Ceux qui ont ainsi compris et leur époque et les conditions de l'autorité réservée de nos jours à l'aristocratie, font passer bien après les affaires publiques, les délicatesses du luxe et les agréments de la vie opulente et indépendante. Ils sont mêlés non-seulement par leur bienfaisance mais par leurs sympathies, non-seulement de leur bourse mais de leur personne, aux plus modestes, aux plus humbles, aux plus nombreuses classes de la population qui vit autour d'eux : ils la connaissent, ils la visitent ; ils la conseillent dans ses travaux ; ils lui viennent en aide dans ses besoins ; ils tiennent grand compte de ses droits, de ses idées, de ses sentiments ; ils ont avec elle des relations fréquentes et bienveillantes ; ils savent qu'au fond ils ont avec elle la même religion, la même patrie, qu'elle est comme eux chrétienne et française, et ils se font un devoir de lui en inspirer à elle-même la confiance en lui donnant peu à peu la conviction que de leur côté ils ne l'oublient jamais. Et alors même que ces salutaires pratiques ne sont pas appréciées à leur juste valeur, ces véritables patriciens de la société moderne ne se découragent pas : ils savent que la germination suit quelquefois de fort loin la semence, mais qu'elle finit presque toujours par donner des fruits.

Heureux ceux qui, à la lumière des vrais principes religieux et sociaux, sont constitués les protecteurs, les amis et les patrons naturels de toute une population qui accepte de relever d'eux parce qu'ils ont accepté de la servir à l'aide de leur supériorité !

Ce n'est là que le résumé de l'influence exercée autour de lui par M. Henri de Brimont. Cette influence a été à la hauteur de toutes les épreuves. En 1855, quand le choléra sévissait à Brimont, il s'est souvenu de ce que lui imposait sa situation, et une médaille d'or a été la récompense de son dévouement. C'est parce qu'il a connu cette seule ambition de servir et de se dévouer qu'il en a connu aussi la récompense, à savoir le concert d'universelle estime et considération qui l'entourait. Sous ce rapport il a été heureux, car il a recueilli sans retard ce qu'il a semé. Il possédait la confiance de tous, parce qu'à tous il avait fait du bien. Aussi, quand, après des mois de souffrance, on le ramenait à Brimont presque mourant, tous les habitants du pays voulurent-ils tour à tour le visiter et lui exprimer leur inaltérable attachement. Celui qu'on avait vu l'année précédente plein de force et de vie, on le retrouvait défait et défaillant ; c'est que l'heure de la récompense approchait.

Un seul jour de ces trois derniers mois, un de ceux qui précédèrent de bien près le dernier, cette vie qui allait s'éteindre sembla pourtant se ranimer : le premier magistrat de la commune de Brimont voulut se faire transporter de sa chambre de douleur jusqu'à l'emplacement d'une nouvelle maison d'école dont il s'agissait de poser la première pierre ; quand il y fut arrivé, recueillant ses forces affaiblies, il adressa une parole bienveillante et ferme à cette population, accourue tout entière pour contempler encore les traits de celui qu'elle savait engagé contre la mort dans une lutte, hélas ! trop inégale.

Dans le silence de respectueuse sympathie qui se fit autour de cette voix aimée, quand on entendit M. de Brimont donner à ses auditeurs un futur rendez-vous autour de ce même édifice terminé, un frisson de douloureuse émotion parcourut l'assistance. Dans cette minute, et par ce contraste entre la mort qui s'approchait et la vie qui s'affirmait encore, au moins par le désir et l'espoir, la commune de Brimont comprit qu'elle voyait pour la dernière fois son chef, son protecteur et son père.

Ainsi, presque jusqu'à la dernière heure, il avait voulu donner une solennelle attestation de son zèle pour les intérêts de son pays; mais ce dernier acte reçut sa récompense. Il est juste de croire que la douce joie de se sentir populaire traversa ce noble cœur, dans ce jour où il rentrait pour la dernière fois au manoir de famille. Puisse cette joie avoir adouci l'amertume des funèbres pressentiments qui, dans ces derniers moments, ont dû assaillir celui que la mort semblait n'avoir pu abattre du premier coup, mais qu'elle avait déjà frappé d'une irrémissible condamnation! Ces pressentiments, il ne les dissimulait pas aux amis qui le visitaient, et quand l'un d'eux amenait sa pensée sur l'espoir de parcourir bientôt debout ce parc qu'il traversait porté par ses serviteurs, il répondit, avec une assurance trop prophétique : « Jamais! »

Malgré les alternatives d'espoir, qui rattachent à la vie d'autant plus qu'on la sent s'échapper, il avait compris que Dieu lui en demandait le sacrifice. Ce sacrifice, depuis plusieurs mois il l'avait fait de grand cœur, il avait même recommandé qu'on ne le laissât pas trop longtemps en purgatoire. Ainsi cette âme se dégageait

peu à peu de ses attaches terrestres, et tout en restant
admirablement présente aux choses de la terre, elle se
préparait au grand voyage. A ce moment, en effet, vers
la fin d'août, ses jours étaient comptés. Il avait perdu le
peu de forces qu'il semblait avoir recouvrées à travers
les vicissitudes d'une maladie vaincue en apparence,
mais en réalité plus forte que les soins prodigués par la
médecine et l'infatigable dévouement des siens.

Quelques jours auparavant, une crise inattendue avait
tellement inquiété son entourage qu'on lui avait admi-
nistré l'extrême-onction, qu'il reçut avec une foi pro-
fonde devant toute sa maison.

Quelques jours plus tard, une nouvelle crise, plus
alarmante dans ses symptômes, se manifesta. Ses enfants
absents furent mandés : c'était le suprême rendez-vous
autour du lit de ce cher mourant. Cette présence de tous
parut l'étonner d'abord. « Je suis donc plus malade? »
disait-il ; et sa pensée inquiète cherchait à saisir le caractère d'une maladie qu'il voyait pour la première fois
différente de celle dont il se croyait atteint. Mais bientôt
la pensée de Dieu et de l'éternité reprit le dessus : la
révélation prochaine de la mort se fit sans secousse à
celui qui avait toujours été si vaillant au poste de la
vie, et, avec cette mélancolique délicatesse qui lui était
habituelle depuis plusieurs mois, il fit voir qu'il dispo-
sait tout pour le départ. « Je croyais pourtant pouvoir
espérer encore de belles et douces années avec vous sur
cette terre. » Ce furent là les seules paroles de regret,
presque d'adieu. Il avait reçu en chrétien fervent les
derniers sacrements. Il avait fait aux siens ses dernières
et solennelles recommandations par l'intermédiaire de

son confesseur, voulant ainsi ménager une douleur dont il pouvait redouter pour lui-même les légitimes explosions ; puis, le jeudi 5 septembre 1868, ayant perdu la parole, mais ayant conservé la plénitude de son intelligence, il regarda une dernière fois, sinon des yeux du corps au moins par la pensée, son fils, dans lequel il se voyait survivre, sa fille bien-aimée, sa belle-fille, dont la présence dans son intérieur avait été un des plus brillants rayons du soleil de son bonheur, ses petits-enfants, les joyaux de la famille, sa compagne enfin, qui avait partagé ses joies, et qui, par son dévouement à toute épreuve, avait adouci les jours de la souffrance. Il bénit toute cette chère maison, et, sans agonie, sans douleur apparente, il remit à son Créateur cette âme, dont la beauté dans le temps n'a été sans doute que l'ébauche de sa splendeur éternelle.

En présence d'un tel spectacle, il faut se recueillir ; il faut bénir le maître de la vie et de la mort, qui s'est glorifié lui-même par ce juste. Il faut aussi se réjouir de compter dans une famille cet homme de bien accompli ; il faut se souvenir enfin que de pareils exemples méritent et attendent des imitateurs !

PARIS. — IMP. SIMON RAÇON ET COMP., RUE D'ERFURTH, 1.